Jörg Bothe

**Ihr persönliches
Vertrauensbuch**

JoeBo Verlag Menschen & Wirtschaft

Der JoeBo Verlag Menschen & Wirtschaft weist ausdrücklich darauf hin, dass im Werk enthaltene externe Links oder Verweise auf Webseiten, ob im Text oder im Quellenverzeichnis, nur bis zum Zeitpunkt der Veröffentlichung des Buches eingesehen werden konnten. Spätere Veränderungen liegen nicht in der Verantwortung des Verlags, ebenso wie eine Haftung für diese Links oder Verweise ausgeschlossen ist.

Bibliografische Information der Deutschen Bibliothek: Die Deutsche Bibliothek verzeichnet diese Publikation in der Deutschen Nationalbibliografie; detaillierte bibliografische Daten sind im Internet unter

https://portal.dnb.de abrufbar.

Impressum
© 2019 JoeBo Verlag Menschen & Wirtschaft
Im Bärle 20, 69469 Weinheim
www.joebo-verlag.de
Alle Rechte bleiben dem Verlag vorbehalten.
Satz und Umschlaggestaltung: JoeBo Verlag Menschen & Wirtschaft
Lektorat: Lektorat², Alexandra Gebauer, Hirschberg
Druck und Vertrieb: tredition GmbH, Hamburg

ISBN
Paperback   978-3-96748-000-9
Hardcover   978-3-96748-001-6
e-Book   978-3-96748-002-3

Dieses Buch ist meinen Kindern und meinen Geschwistern gewidmet. Sie haben viel mit mir ertragen müssen und mir trotzdem ihr Vertrauen immer wieder geschenkt.

Dieses Buch gehört:

_____

Der Baum braucht
Wasser zum Wachsen.
Der Mensch braucht
Vertrauen.

www.joerg-bothe.de

Inhaltsverzeichnis

Einleitung

Vor ein paar Monaten, ich kam von einer Bühne, nach-
dem ich meinen Vortrag über Führungskultur gehalten
hatte, sprach mich ein Kollege an. „Weißt du eigentlich, worüber du in deinem Vortrag die ganze Zeit
sprichst?" Er wartete meine Antwort nicht ab und fuhr
fort: „Du sprichst von Vertrauen!" Im ersten Moment
konnte ich noch nicht allzu viel damit anfangen, aber
am Nachmittag, im Zug sitzend, gingen mir seine Wor-
te nicht mehr aus dem Kopf. Vertrauen. Dann begann
ich, alles zu notieren, was mir dazu einfiel. Erfahrungen von großem Vertrauen und auch Erfahrungen, bei
denen mir Menschen das Vertrauen plötzlich entzogen
haben. Damit fing die intensive Beschäftigung und Re-
cherche für mich an. Ich entschied mich dazu, Menschen verschiedenen Alters und in unterschiedlichen
sozialen Situationen zum Thema Vertrauen zu inter-
viewen.

Dieses Buch ist das erste Extrakt aus meiner intensiven
Beschäftigung mit dem Thema Vertrauen. Es ist kein
Ratgeber und schon lange kein Therapieersatz. Dieses
Buch gibt mit Gedanken zu und Geschichten über Vertrauen einen Anstoß, das eigene Verhältnis zum Selbstvertrauen und Vertrauen in wichtigen Beziehungen zu
überdenken. Mehr nicht!

„Vertrauen ist mein Urgefühl!"

Das war die Aussage von Melanie aus Lübeck, als ich im Juni 2019 in Stuttgart beim Ersten Internationalen Vertrauenssymposium eine Diskussionsrunde zum Thema Vertrauen moderiert habe. Die Kraft und die Selbstverständlichkeit, mit der Melanie diese Aussage traf, war sehr beeindruckend. Wer spricht schon so offen über „sein" Urvertrauen!

In vielen Interviews der letzten Wochen habe ich immer wieder erlebt, dass Vertrauen etwas ist, über das im Alltag nur wenig nachgedacht wird. Aussagen wie „Oh, da muss ich mal drüber nachdenken" habe ich sehr häufig gehört. Es gab längere Denkpausen; Aussagen und Meinungen wurden klarer und verfeinerten sich im Laufe der Gespräche. Vertrauen ist scheinbar in unserer Gesellschaft etwas Selbstverständliches geworden. Jeden Tag hören wir im Fernsehen und Radio Sätze wie „Der Wähler hat uns sein Vertrauen geschenkt" oder lesen in der Zeitung darüber. Die Werbung säuselt etwas von „Vertrauen in Bauen" oder „Kompetenz schafft Vertrauen"[1]. Nur stimmt das auch? Oder ist Vertrauen inzwischen zu einem Begriff verkommen, der für jeden und für alles steht und damit gar keinen Inhalt mehr hat?

---

1 https://www.slogans.de/slogans.php?GInput=vertrauen&SCheck=1
abgerufen am 27.07.2019

Immer und überall, in Unternehmensbroschüren, in Sonntagsreden, beim Elternabend oder beiläufig in einer Beziehung wird Vertrauen ausgesprochen oder eingefordert. Sprechen wir zu schnell von Vertrauen und schenken es leichtfertig, weil wir nicht an der Beziehung arbeiten wollen? Denn Vertrauen ist ja nicht einfach da und fällt nicht vom Himmel, sondern muss von uns, mit einer Ausnahme, erschaffen werden. Es ist ein Stück Arbeit, eine vertrauensvolle Beziehung aufzubauen, die viel Empathie, klare Kommunikation und Verlässlichkeit erfordert.

„Wo Kontrolle ist, kann kein Vertrauen sein!"

Vertrauen ist ein Grundbedürfnis des Menschen. Vertrauen schafft Freiheit, weil wir keine Kontrolle ausüben müssen, denn Vertrauen und Kontrolle sind Gegenpole. Wie oft sagen wir unseren Kindern, dass wir ihnen vertrauen, kontrollieren dann aber doch, ob die Sachen gepackt oder die Hausaufgaben erledigt sind. Oder geben Mitarbeitern eine Aufgabe und „vertrauen" auf ein sehr gutes Ergebnis, nicht ohne uns bei allen möglichen Kollegen Informationen einzuholen.

Seien wir ehrlich! Mit uns, dem Partner, den Mitarbeitern, Kollegen und Vorgesetzten und vor allem mit unseren Kindern. Das erfordert Mut, Klarheit und Empathie. Kontrolle zu unterlassen und Vertrauen zu schenken ist das Einverständnis, positive Überraschungen erleben zu wollen und negative hinnehmen zu können.

„Vertrauen rennt aus dem Raum, wenn Ehrlichkeit nicht mit hineingenommen wurde!"

Wir brauchen das Vertrauen in die Sicherheit in einer Gruppe, ob es nun die Familie oder ein anderes soziales Umfeld oder eine größere Organisation oder sogar der Staat ist. Die bewusste Aufgabe von Kontrolle ermöglicht es uns, die freigewordene Energie für die eigene Entwicklung, die der Familie oder der Gruppe einsetzen zu können. Für uns ist Sicherheit dank eines Mindestmaßes an Vertrauen in staatliche Institutionen selbstverständlich. Schauen Sie sich aber einmal in der Welt um, was es bedeutet, wenn dieses Vertrauen nicht vorherrscht, und welche Konsequenzen daraus drohen. Vertrauen bedeutet, bewusst Kontrolle gegen die Möglichkeit, enttäuscht zu werden, einzutauschen.

In einer eng vernetzten Welt ist es nicht die Frage, ob wir Kontrolle ausüben oder auch nur ausüben können, sondern es stellt sich die Frage, in welchen Bereichen wir eine Vertrauensbasis schaffen, die es uns erlaubt, Kontrolle und alle damit zusammenhängenden Aufwände in Zeit und Geld zu minimieren. Vertrauen bedeutet nicht Leichtgläubigkeit. Leichtgläubigkeit ist nicht Vertrauen, sondern die fehlende Initiative, noch eine Frage zu stellen und nicht mit der erstbesten Antwort zufrieden zu sein. Leichtgläubigkeit ist schlicht Bequemlichkeit, die daran hindert, nachzufragen und Vertrauen zu rechtfertigen. Nichts ist umsonst in dieser Welt. Vertrauen in andere Personen, Gruppen,

Unternehmen oder staatliche Organisationen muss erarbeitet werden.

„Vertrauen ist scheu wie ein Reh und kann stark sein wie ein Elefant!"

Menschen sind soziale Wesen und finden oft erst in Beziehungen ihr Vertrauen und ihre Aufgabe. Vom ersten Moment an im Leben, also noch vor der Geburt, sind wir mit unserer Mutter in einer engen, fast symbiotischen Beziehung. Diese Beziehung findet ihr Vertrauen allein darin, dass das Kind der Mutter für einen langen Zeitraum nur vertrauen kann. Es hat keine andere Möglichkeit als zu vertrauen und zu lächeln. Das Lächeln ist der erste Ausdruck des kleinen Menschen, seine Verbundenheit mit der Mutter und später mit dem Vater auszudrücken.

Dieses Lächeln als Vertrauenszeichen nehmen wir mit ins Leben, denn wenn uns jemand Fremdes begegnet und wir dabei lächeln, ist die Begegnung leichter, als wenn wir unseren Mitmenschen missmutig begegnen.

„Ehrlichkeit bedeutet, dem anderen etwas zuzumuten."

Wichtige Voraussetzungen für die Bildung von Vertrauen sind wahrgenommene und gelebte Werte wie Ehrlichkeit, Offenheit, Verlässlichkeit und Respekt im Umgang mit anderen Personen. Eine kurze Beschreibung dieser Werte:

Ehrlichkeit – was ich sage, ist wahr.

Offenheit – was ich zu einem Thema weiß und sagen darf, das sage ich auch. Aus eigenem und freiem Antrieb heraus.

Verlässlichkeit – was ich zusage, halte ich auch ein. Sollte es nicht möglich sein, sage ich das auch unmittelbar. Bin ich mir noch nicht sicher, ob ich die Forderung einhalten kann, dann lege ich die Einschränkungen offen.

Respekt – ich begegne jeder Person grundsätzlich respektvoll. Dem eigenen Kind genauso wie dem Chef, dem Partner oder der Reinigungskraft im Büro.
Vielleicht denken Sie, das klingt wie ein Manifest. Ja, ist es vielleicht auch, aber stellen Sie sich einmal vor, es wäre die Regel und nicht die Ausnahme, auf diese Weise zu handeln und zu kommunizieren. Die Welt wäre wohl ein besserer Ort. Also, lassen Sie uns damit sofort beginnen.

„Vertrauen ist die Grundlage des Lebens."

Ist es so einfach, und gelingt das immer und in jeder Situation? Nein, natürlich nicht. Mir selbstverständlich auch nicht. Es erfordert eine Menge Mut und Klarheit, die Dinge im richtigen Moment auszusprechen. Nur wenn wir uns immer wieder daran erinnern und uns gegenseitig dabei unterstützen, wird es Stück für Stück besser.

Noch zwei Aspekte, die für den Aufbau und den Erhalt von Vertrauen wichtig sind und die sehr stark mit Selbstvertrauen zusammenhängen: Vertrauensfähigkeit und Vertrauenswürdigkeit sind die Voraussetzungen, um über viele Jahre gemeinsam leben, arbeiten und erfolgreich sein zu können. Vertrauen ist kein fixer Zustand, sondern ein kontinuierlicher Prozess, an dem beide Seiten immer wieder arbeiten müssen. Nur dann kann Vertrauen aufrechterhalten bleiben. Und oft ist es schwer, sich daran zu erinnern, das Vertrauenskonto immer wieder aufzufüllen. Selbstsicherheit ist eine gute Basis, um dem Partner einen Vertrauensvorschuss zu geben, vor allem dann, wenn er nicht mehr gerechtfertigt erscheinen mag.

„Wenn mir schon niemand vertraut, dann tue ich es eben selbst."

Echtes Vertrauen kann nur entstehen, wenn Vertrauensfähigkeit und Vertrauenswürdigkeit auf beiden Seiten zusammentreffen. Fehlt ein Element auf einer Seite, wird es nichts mit richtigem Vertrauen, zumindest nicht dauerhaft. Anderen zu vertrauen ist mit großen Anstrengungen verbunden und endet in Enttäuschung, wenn die Voraussetzungen nicht auf beiden Seiten geschaffen sind.

Die Vertrauensfähigkeit einer Person hängt sehr stark mit dem Selbstvertrauen, gespeist aus positiven Erfahrungen, ab. Eine Führungskraft, die schon oft von Mitarbeitern oder Vorgesetzten enttäuscht wurde, kann dabei genauso ein Defizit aufweisen wie eine Person mit großen Enttäuschungen in der Liebe.

Vertrauenswürdigkeit hingegen hängt stark vom eigenen Handeln ab. Wenn ich meine Kinder immer wieder zu spät beim Sport abhole oder Verabredungen zum Kino nicht einhalte, darf ich mich nicht wundern, wenn keines mehr meinen Zusagen glaubt. Das Leben der oben beschriebenen Werte zahlt direkt auf die eigene Vertrauenswürdigkeit ein. Es zahlt sich also in Vertrauen aus, Werte zu definieren und sie zur eigenen Leitlinie zu machen. Wer seinen positiven Werten folgt, der strahlt eine natürliche Ruhe und Gelassenheit aus und wird allein aus diesem Verhalten heraus als vertrauenswürdig wahrgenommen.

„Sich einem anderen zu offenbaren, erfordert Mut und Selbstvertrauen."

Vertrauensfähigkeit zu entwickeln, braucht oft mehr Zeit. Die dafür erforderliche Entwicklung von Selbstsicherheit, um jemandem Vertrauen zu schenken und nicht wieder in einen Kontrollmechanismus zu verfallen, macht die Reflexion vergangener positiver Erfahrungen unabdingbar. Vertrauensfähigkeit baut sich in Schritten auf und wird am besten von der Vertrauenswürdigkeit des Gegenübers unterstützt.

Wer Sinn in seinem Leben gefunden hat, der kann darauf vertrauen, die richtigen Entscheidungen zu treffen.

Nicht alle Menschen haben aus ihrer persönlichen Sicht heraus ausreichend Selbstvertrauen in der frühen Kindheit tanken und entwickeln können. Die möglichen Gründe dafür sind so vielfältig, wie die Menschen einmalig sind. Jeder hat seine Geschichte. Die eine Person entwickelt aus nicht optimalen Voraussetzungen ein unglaubliches Selbstvertrauen und Gelassenheit den täglichen Anforderungen gegenüber. Eine andere, vielleicht behütetere und stärker unterstützte Person, schafft es später kaum aus dem Haus. Ausschließlich an dieser Schraube zu drehen, um die Entwicklung eines gesunden Selbstvertrauens darüber zu fördern, ist aus meiner Sicht die Aufgabe von Psychotherapeuten der unterschiedlichsten Teilgebiete.

Die zweite Möglichkeit ist, sich gezielt an schwierige Situationen zu erinnern. Reflektieren Sie Ihre Befürchtungen, indem Sie sich bewusst machen, was Ihnen aus dieser Situation herausgeholfen hat. Wie haben Sie Ihre Stärke wiedergewonnen, was haben Sie eigenständig getan? Ein erster Schritt, um die richtige Richtung einzuschlagen und nach vorne zu schauen.

Die dritte Möglichkeit besteht darin, in die Zukunft zu schauen. Denn dort ist der Teil des Lebens zu finden, der noch zu gestalten ist. Welches Leben will ich leben? Was will ich erreichen? Wie will ich Menschen gegenübertreten? Mit welchem letzten Gedanken will ich diese Erde wieder verlassen?

Kurz und gut: Welche Vision habe ich von meinem Leben? Wo will ich in fünf oder zehn Jahren in meinem Leben sein? Für diese Art der Sicht auf die eigene Gestaltungsfähigkeit des Lebens und des Selbstvertrauens sind Werte unerlässlich. Es gilt also vor allem die Frage zu beantworten, welche Werte mich antreiben und welche Bedeutung ich ihnen gebe.

Hier gleich ein paar Fragen für den sofortigen Einstieg:

In welchen schwierigen Situationen habe ich positive Erfahrungen gemacht?

Welche schwierigen Situationen haben sich im Nachhinein als unproblematisch gezeigt?

Die Lüge ist der größte Vertrauenskiller, und doch glauben wir ihr.

Sie erinnern sich bestimmt an das Dschungelbuch mit Mogli, dem kleinen Wolfskind. Es gibt in diesem Film die Szene, in der die Schlange Ka versucht, Mogli zu fressen. Dabei wird der Song „Vertraue mir" gespielt. Es ist offensichtlich, dass die Schlange nichts Gutes im Schilde führt und dafür auch schamlos lügt. Doch mit geschicktem Gesang und einer vertrauensvollen

Stimme gelingt es ihr beinahe, Mogli zu überlisten. Die Lüge ist offensichtlich, und dennoch gelingt die Tat fast.

Wann hören wir auf die Schlange, die uns „Vertraue mir" einsäuselt, wann lassen wir uns leichtgläubig einwickeln und unser Vertrauen missbrauchen? Was ist mit Werbung? Jeder weiß, dass Fast Food gesundheitsschädlich ist, dass viele Getränke zu viel Zucker beinhalten, und trotzdem nehmen wir die Werbeversprechen hin. Ich gehe nicht davon aus, dass die Kunden der Werbung vertrauen, aber wider besseres Wissen gehen wir der Werbung und auch den werbenden Parteien auf den Leim. Wo bleibt unser kritischer Geist, der Aussagen noch nicht einmal einer wissenschaftlichen Prüfung unterziehen muss, um zu erkennen, dass jemand versucht, uns hinters Licht zu führen? Es reicht nicht aus, nur über missbrauchtes Vertrauen zu schimpfen und diese Kritik online zu teilen. Es ist erforderlich, im Vorfeld die eigenen Fähigkeiten einzusetzen und eine bewusste und vertrauensvolle Entscheidung für uns zu treffen. Der Belogene ist ein Teil der Lüge, weil es so bequem ist, die einfache Wahrheit anzunehmen und nicht zu hinterfragen. Weil leichtfertiges Vertrauen uns vorgaukelt, dass das Ganze doch vertrauenswürdig ist und wir uns gut fühlen dürfen. Ohne nachzufragen. Die Lüge wird gern angenommen, weil sie uns von der Notwendigkeit des kritischen Nachfragens und eigenem Nachdenken befreit.

„Sinn ist individuell – Vertrauen auch!"

Dieses Buch folgt nicht dem Anspruch einer vollständigen Abhandlung sämtlicher Aspekte zum Thema Vertrauen. Vielmehr konzentriere ich mich darauf, in vier alltäglichen Beziehungen anhand kleiner Geschichten aus den Interviews Anstöße zu geben, wie erschüttertes Vertrauen wieder aufgebaut werden kann. Die Reflexion Ihres Verhaltens zum eigenen Vertrauen steht im Mittelpunkt dieses Buchs.

Aber was ist denn Vertrauen jetzt genau? Finden Sie es für sich heraus und kreieren Sie eine wichtige individuelle Stütze:

„Ihr persönliches Vertrauensbuch!"

1. Vertrauen in mein Leben

Vertrauen in sich verändert die Welt.

www.joerg-bothe.de

Urvertrauen ist das Elementarste, was wir von unseren Eltern mitbekommen können. Es gibt nichts Wichtigeres als das Gefühl, willkommen im Leben zu sein und ganz selbstverständlich unseren Platz in dieser Welt zu finden und einzunehmen. Eltern, die uns bestärkt haben, Aufgaben selbst zu meistern, die uns selbst haben machen lassen, die uns mit einem kleinen Schubs aufgemuntert haben, loszurennen.

Urvertrauen aus der Kindheit

„Er hat mich an die Hand genommen und wir sind einfach losgegangen, er hat mich aus dem engen und vermufften Haus herausgeführt und hat mir gezeigt, dass es eine andere Welt gibt als die, die ich bis dahin gekannt habe. Schnell habe ich dann gelernt, dass ich es selbst in der Hand habe, die Situation für mich positiv zu verändern. Wenn es anfangs auch nur eine Stunde war, habe ich den Wirkungskreis und den Zeitraum eigenständig und selbstständig schnell ausgeweitet. Von dieser Erfahrung, dass ich es in der Hand habe, zehre ich noch heute." Es war ein sehr ergreifender Moment, als die fast 75-jährige Dame mir diese Situation in vielen Worten und eindringlich beschrieben hat.

Nicht alle Eltern hatten das Glück, selbst mit einem großen Urvertrauen ins Leben zu gehen, und entsprechend selten sind sie dann auch in der Lage, dieses Selbstvertrauen zu vermitteln und ihren Kindern mit auf den Weg zu geben. In meinen Interviews habe ich oft den Satz gehört: „Mehr konnte mir mein Vater/meine Mutter nicht mitgeben. Sie hatten selbst nicht mehr."

Sicher kennen Sie ähnliche Beschreibung Ihrer Eltern, Onkel oder Tanten. Zuversicht ist ein anderes Wort für Vertrauen ins Leben. Es wird schon funktionieren, und wenn nicht, dann habe ich daraus meine Erfahrungen gezogen. Ein Vater erzählte mir von seiner Tochter, die völlig begeistert zu ihm kam und sagte: „Papa, Elias vertraut mir. Er hat mir sein Handy gegeben, damit ich meine Musik hören kann, und er hat es nicht gesperrt! Cool!" Mit sichtbarer Erleichterung und auch ein wenig stolz schaute er mich dabei an. Ich war mir sicher, dass es zwischen den beiden pubertierenden Jugendlichen nicht immer so ruhig zuging, aber eine positive Vertrauenserfahrung ist besser als keine.

Sinn und Vertrauen

„Es war wie ein Schatten, der über meinem Leben lag." So begann ein sehr tiefes Gespräch über die Entwicklung meiner Mutter in den letzten fünfundzwanzig Jahren. Mein Vater war mit Mitte fünfzig nach einer langen Pflege- und Leidenszeit verstorben. Sie hatte in den letzten Jahren nicht nur ihre Arbeit aufgegeben, sondern auch den Kontakt zu den meisten Bekannten und Freunden abgebrochen, um die Pflege meines Vaters zu stemmen. Dann war die lebensausfüllende Tätigkeit mit einem Mal beendet, und eine große Leere lag vor ihr. Der Aufgabe beraubt, die Kinder aus dem Haus und selbst kein Ziel und keinen Sinn vor Augen. Sie gab das Haus auf, und es begann eine lange und harte Zeit der Neuorientierung. Bis sie 2004 gefragt wurde, ob sie sich nicht vorstellen könnte, das Amt der Behindertenbeauftragten ihrer Heimatstadt zusammen mit einem schwerbehinderten jungen Mann zu übernehmen. Die neue Aufgabe entfachte ihr lange erloschenes Selbstvertrauen wieder, und damit kamen auch ihre Intuition und Fähigkeiten wieder zum Vorschein. Sie lernte, vor größeren Gruppen zu reden, sich für ihre Ideen einzusetzen, sie sprach mit Bürgermeistern und Amtsleitern, setzte Erleichterungen für behinderte Menschen im Nahverkehr durch, organisierte Aktionen – mehr und mehr Aufgaben wurden ihr angetragen. Heute, mit 80 Jahren, ist sie immer noch Vorsitzende in einem städtischen Sozialverband, engagiert sich für Frauenrechte und SeniorInnen, nimmt an Kongressen teil und organisiert das Vereinsleben in ihrem Ortsverband.

Es war wie ein Schatten, der über ihrem Selbstvertrauen lag, und erst als mein Vater verstorben war und sie ihre Aufgabe gefunden hatte, konnte sie ihr Potenzial voll entwickeln und ausleben. Heute ist sie geistig aktiver und freier als je zuvor. Ein wunderbares Beispiel, wie wiedergefundenes Selbstvertrauen auch im hohen Alter unglaubliche Entwicklungen möglich macht.

Unser Urvertrauen ist nicht weg, es bleibt das ganze Leben bei uns. Nur manchmal sind die von uns mitgeschaffenen Umstände so negativ, dass die geistige Freiheit fehlt, uns an unsere eigenen Fähigkeiten und unser Selbstvertrauen zu erinnern. Wir glauben dann manchmal, dass wir die Umstände selbst sind, und differenzieren nicht mehr zwischen dem Außen und dem Innen. Fehlschläge kommen hinzu, und mit einem Mal sitzen wir unter der Wolke und glauben, dass die Sonne für uns nicht mehr scheinen wird. Wenn dann das Leben auch noch stark auf die materiellen Dinge ausgerichtet ist, verlieren wir den Glauben an uns selbst. Selbstvertrauen? Fehlanzeige.

Eine wichtige Erfahrung aus den vielen Gesprächen und aus meinem eigenen Werdegang ist, dass die Intention des Lebens wichtiger ist als die Dinge, die wir uns leisten können oder wollen. Es geht um Haltung im Leben und nicht um Haben.

Große Menschen, und ich meine nicht unbedingt Staatsmänner oder Unternehmer, erkennen wir automatisch. Sie strahlen diese gewisse Aufrichtigkeit und Gelassenheit aus. Wie selbstverständlich sprechen sie von ihrem Leben. Sie lassen sich nicht von Menschen vereinnahmen, denen sie nicht trauen, und sie wissen sehr schnell, wem sie vertrauen können und wollen und wo die Grenze liegt. Selbstvertrauen schafft Gelassenheit. Sich der eigenen Stärken und Schwächen bewusst zu sein, hat eine große Strahlkraft und zieht Menschen an.

Negative Glaubenssätze killen unser Potenzial.

Sie sind so nicht? Oder haben Sie nur noch nicht genau hingeschaut? Finden Sie in Ihrem Leben die Momente, in denen Sie sich sicher waren, dass das, was Sie vorhaben, auch funktionieren wird. Momente, in denen Sie agiert haben und nicht lange nachgedacht, darüber gegrübelt haben, ob es jetzt gut ist oder ob es klappen wird. Gehen Sie am Ende des Kapitels die Fragen durch und notieren Sie sich Ihre Erfolgserlebnisse. Und zerstören Sie es nicht dadurch, dass Sie sich sagen: „Ja früher, früher konnte ich das, aber heute ..."

Sollten Sie diesen Gedanken haben, beenden Sie ihn konsequent, indem Sie sich vornehmen: „Dann versuche ich es mit meinen jetzigen Erfahrungen und Fähigkeiten eben noch einmal." Wenn Sie früher einen perfekten Handstand konnten, dann wird das nach vielleicht fünfzehn Jahren Abstinenz sicher nicht beim ersten Versuch funktionieren. Schalten Sie eine kurze Übung vor, erinnern Sie sich daran, wie Sie es damals gelernt haben, und fangen Sie einfach an.

Wir haben unendlich viele Potenziale, nur trauen wir uns oft nicht, sie auszuleben. Die negativen Gedanken über uns und unsere Potenziale lassen dieselben in uns verkümmern. Wir spüren, dass wir Potenziale haben, doch mit jedem negativen Gedanken an unser Können schieben wir ein Potenzial in eine dunkle Kammer. Wir fühlen uns nutzlos, den Ansprüchen nicht gewachsen, rotieren in einer Negativspirale und irgendwann glauben wir selbst nicht mehr an uns und unsere Potenziale. Menschen, die einen Impuls haben, ihre Potenziale zu nutzen, machen oft den Fehler, dass sie glauben, in drei Tagen sei alles besser. Fünfzehn Kilogramm abgenommen, den Marathon unter drei Stunden gelaufen und außerdem noch ein juristisches Fernstudium absolviert. Doch so läuft das eben nicht. Menschen sind Gewohnheitstiere. Das gilt für jeden einzelnen und genauso für unser Umfeld. Wir überschätzen oft, was wir in drei Tagen erreichen können, unterschätzen aber völlig, was in einem Jahr verändert werden kann. Und dann sind die Ziele oft zu eng gesteckt. Anstelle des Vorsatzes „Ich nehme fünf Kilogramm ab" ist es sinnvoller, den Weg dorthin zu formulieren. „Ich bewege mich regelmäßig und ernähre mich gesünder." Die Vision, wie Sie leben wollen, wird den Weg automatisch beschreiben. Das Ziel ist der Weg.

Umgeben Sie sich mit Menschen, die sich auf den Weg gemacht haben. „Wenn jeder auf die Idee kommen würde, auf einmal seine Potenziale auszuleben? Du kannst doch nicht machen, was du willst! Wer soll denn dann die ganze Arbeit machen?" Kennen Sie solche oder ähnliche Aussagen? Vielleicht aus der Familie oder dem beruflichen Umfeld?

Veränderungen machen Angst.

Die Intention dahinter ist selten eine gute im Sinne von „Ich will, dass es dir gut geht" oder „Ich will dich vor Schaden bewahren". Vielmehr ist es aus meiner Erfahrung so, dass die Mitmenschen es hassen, wenn ihnen jemand den Spiegel vorhält. „Hey, ich kann es, warum tust du nichts?" Sie fühlen sich mit ihrem eigenen fehlenden Selbstvertrauen konfrontiert und mit dem Umstand, dass sie bestimmte Wege in ihrem Leben nicht ausprobiert haben. Viele Strukturen in unserer Gesellschaft sind genau an diesem Paradigma ausgerichtet. Schön auf dem Teppich bleiben. Ich will ja, dass du groß wirst, aber bitte nicht größer als ich selbst. Wenn du dann doch größer wirst, dann nur, weil ich dich dazu gebracht habe.

Schaffen Sie sich ein persönliches Umfeld, das Sie mit Menschen zusammenbringt, die sich selbst Herausforderungen gestellt haben. Die ihr Selbstvertrauen gefunden haben und es immer weiter ausbauen. Wir trauen uns und anderen zu wenig zu. Das ist bei der

Kindererziehung oft nicht anders als im beruflichen Alltag. Seien Sie sich bewusst, dass Sie vor allem am Anfang viel Gegenwind erfahren werden. Ihr direktes Umfeld wird sich ganz natürlich gegen diese Veränderung stemmen und versuchen, Sie wieder auf Normalmaß zurückzustutzen.

„Ich bin misstrauisch und brauche Zeit, um Vertrauen zu bilden." Das ist eine Aussage, die ich immer wieder gehört habe. Nur wer sagt uns, dass wir misstrauisch sind? Ist das ein Glaubenssatz? Wie viel Zeit braucht es denn, bis Vertrauen hergestellt ist, und wie messe ich es, um irgendwann sagen zu können, jetzt habe ich Vertrauen? Ist es einfacher, positiv an das Thema Vertrauen heranzugehen und konkret zu überlegen, was mir noch fehlt, um vertrauen zu können? Konzentrieren Sie sich bewusst auf Ihre Erfahrungen: Wann haben Sie schnell Vertrauen gefasst, und was hat dazu geführt? Welche Aspekte fallen Ihnen noch ein, die zum Kontext gehören und über Selbstvertrauen oder Partnerschaft hinausgehen? Vielleicht helfen Ihnen die folgenden Fragen bei der Suche nach einem gesunden Selbstvertrauen!

Was bewegt mich, mein Selbstvertrauen steigern zu wollen?

....

....

Welche Werte treiben mich dabei an?

....

....

Welchen Nutzen habe ich davon?

....

....

Was kann ich konkret tun?

....

....

Was will ich tun?

....

....

Wann tue ich es?

....

....

2. Vertrauen in der Partnerschaft

Es ist unmöglich,
einen nicht
stattgefundenen
Seitensprung
zu beweisen.

Liebe und Respekt sind zwei ganz wichtige Elemente in einer gelingenden Partnerschaft. Gemeinsame Interessen und Werte sowie der Wunsch, Zeit miteinander zu verbringen, bilden die Voraussetzung, um Vertrauen entwickeln zu können. Zu Beginn führen wir viele Gespräche und lernen einander kennen. Dabei wird, in unterschiedlicher Intensität, auch geprüft, inwiefern der andere vertrauenswürdig ist. Passen die Aussagen zusammen, ergibt das Sinn, was ich höre, und will ich mit dieser kleinen Macke auf die Dauer leben? Das sind wahrscheinlich Gedanken, die Sie selbst schon gedacht haben. Manchmal fällt uns etwas am möglichen Partner auf, das von einem anderen Merkmal überdeckt wird, und erst in ein paar Jahren, wenn Kinder da sind oder ein Haus gebaut wurde, kommt diese Kleinigkeit wieder hoch. Wenn dann die Liebe abgestumpft und das Vertrauen nicht mehr so stabil ist, sind diese kleinen Störungen der Anlass für sehr viel Ärger und manchmal auch für die Trennung.

Vertrauen ist das Einverständnis, enttäuscht werden zu können.

Vertrauensfähigkeit und Vertrauenswürdigkeit sind die Voraussetzungen, um über viele Jahre gemeinsam leben, lieben, arbeiten und erfolgreich sein zu können. Vertrauen ist kein fixer Zustand, sondern ein kontinuierlicher Prozess, an dem beide Seiten immer wieder arbeiten müssen. Nur dann kann Vertrauen aufrechterhalten bleiben. Und oft ist es schwer, sich daran zu erinnern, das Vertrauenskonto immer wieder aufzufüllen. Selbstsicherheit ist eine gute Basis, um dem Partner einen Vertrauensvorschuss zu geben, vor allem dann, wenn er nicht mehr gerechtfertigt erscheinen mag.

In der oben beschriebenen Diskussionsrunde wurde zu Beginn sehr viel über das Vertrauen in der Partnerschaft gesprochen, und nach einiger Zeit kam das Gespräch auf die partnerschaftliche Treue. Es wurde die Frage diskutiert, ob ein Seitensprung erlaubt ist oder nicht. Eine Teilnehmerin äußerte spontan: „Dann kann er gleich seine Sachen packen!" Eine andere erwiderte: „Wir haben ein Agreement! Seitensprung ist erlaubt, wenn der Partner nichts davon mitbekommt! Da wir beide viel reisen, wäre das nicht so schwer."

So weit ist das sicher eine Diskussion, wie sie vielleicht im engeren Freundeskreis schon einmal stattfindet. Viel interessanter war aber die Feststellung eines weiteren Teilnehmers, der meinte: „Das Agreement erfordert aber viel größeres Vertrauen, eben deswegen, dass es bei einem Seitensprung bleibt und die Beziehung nicht in Frage gestellt wird!"

Das Vertrauen endet in einer Partnerschaft in dem Moment, wenn einer Angst bekommt, dass der andere entweder das eigene Vertrauen bricht und fremdgeht, oder wenn die Gefahr lauert, dass sich der andere dabei verliebt. Von der Übertragungsgefahr möglicher

Geschlechtskrankheiten mal abgesehen: Warum ist es für die meisten von uns so wichtig, dass es neben dem eigenen Partner keinen anderen Sexualpartner gibt? Sicher, Verlustangst des Status quo (Haus, Auto, Urlaub etc.) ist ein großer Antrieb. Eine mindestens genauso große Befürchtung ist jedoch, sich mit seinem blinden Vertrauen lächerlich zu machen und als leichtgläubig zu gelten. Die (vermeintliche) Meinung anderer über unser Verhalten ist oft ein Auslöser für Scham und fehlenden Mut, mit der eigenen Meinung aus der Gruppe herauszutreten. Es fehlt uns oft an Selbstvertrauen, Dinge zu tun, die wir im Inneren für richtig halten, weil wir befürchten, in unserem sozialen Umfeld geschnitten zu werden.

„Wer Vertrauen verschenkt, macht sich selbst ein Geschenk."

Es gibt aber noch einen weiteren Aspekt. Wenn wir uns beim Liebesspiel ganz dem anderen hingeben, dann geht das nur, wenn wir uns vertrauen. Wir vertrauen darauf, dass das, was hier passiert, exklusiv und nur in diesem Moment so ist. Wenn Fremdgehen diese Exklusivität zerstört, ist es mit dem Vertrauen schnell vorbei. Die Schmerzen, die wir alle schon nach einer Trennung erlebt haben, sind aus meiner Sicht vor allem der Verlust von Vertrauen in uns selbst. Unser Selbstvertrauen ist erschüttert, wir sorgen uns um uns selbst und kämpfen mit der Angst, ob wir unser Selbstvertrauen wieder aufbauen können. Nur aus innerem

Selbstschutz werfen wir dem früheren Partner Dinge vor und streiten im Außen. Der wahre Grund ist, dass wir nicht offenbaren wollen, dass unser Selbstvertrauen schwer getroffen wurde und wir eine Schutzmauer brauchen, um es wieder aufzubauen.

Wer sich schon einmal in einen Menschen verliebt hat, der unter dem zuvor beschriebenen Drama des verlorenen Selbstvertrauens leidet, der weiß, wovon ich spreche. Jede kleinste Ungenauigkeit oder Unklarheit wird zum Anlass genommen, die eigene Vertrauenswürdigkeit in Zweifel zu ziehen. Was zu langen und anstrengenden, oft sehr hitzigen Diskussionen führt. Die eigentliche Botschaft, die aus meiner Sicht aber dahintersteckt, ist eine andere. Sie lautet:

„Ich liebe dich! Hilf mir, mein Vertrauen in einen Partner wieder aufbauen zu können."

Kommen wir zu den oben beschriebenen Situationen (Hausbau, Kinder, Ehe) zurück. Viele kennen es, dass das direkte Umfeld von den Eskapaden weiß, aber niemand etwas sagt. In einem anderen Interview erzählte mir Daniela von ihrer Ehe. Die Vorbereitungen zum Hauseinzug waren in vollem Gange, und doch fehlte etwas. Sie hatte schon lange das Gefühl, sie würde alleine einziehen, es sei ihr Haus. Ihr Mann, ein Manager, machte viele Überstunden, um das Haus zu finanzieren, wie er bei jeder Gelegenheit im Freundeskreis kundtat, doch mehr und mehr schwand der Glaube an das gemeinsame Glück. „Ich habe es geahnt und ihn zur Rede gestellt", sagte sie mir. Sie sprach von immer neuen Zweifeln, von eigenen Beteuerungen. „Es war eben eine wichtige Entscheidung, aber das hätte er sich vor dem Sprung in die Ehe und dem Hausbau überlegen müssen", redete sie sich ein. Es kam, wie es kommen musste, sie bezog das Haus alleine. Nach kurzer Zeit musste sie es aber aus finanziellen und emotionalen Gründen verkaufen. Doch der Verlust der Ehe und des Eigenheims zog auch noch den Verlust eines großen Teils des sozialen Umfelds mit sich. Viele wussten von der neuen Freundin. Gesagt hat keiner etwas.

Was hält uns aber davon ab, unserem Instinkt zur eigenen Vertrauensfähigkeit zu vertrauen und zu folgen? Ist es die fehlende Bereitschaft, aus seltsamem Verhalten des Partners die Konsequenzen zu ziehen, und nur zu hoffen, dass es schon gut werden wird? Oder ist es vielmehr das fehlende Vertrauen in die eigene Stärke, das verhindert, sich selbstbewusst vor den Partner zu stellen und Klarheit einzufordern? Es muss nicht sofort die letzte Konsequenz der Trennung sein. Aber eine so weitreichende Entscheidung wie ein Hausbau sollte schon auf einem sicheren Vertrauensfundament getroffen werden. Eine Verschiebung bringt zumindest Zeit, um verloren gegangenes Vertrauen wieder aufzubauen. Vielleicht ist die Scheidungsrate ja auch deswegen so hoch, weil uns vor der Heirat der Mut fehlt, unserem Vertrauen zu vertrauen?

Manchmal kommt das Vertrauen in die richtigen Aktionen im letzten Moment zurück. Wenn es auch dann sehr schmerzhaft für den Partner sein kann. Vor ein paar Jahren offenbarte mir ein Freund, dass er im Standesamt sitzen gelassen wurde, die Braut erschien einfach nicht. Die Hochzeit fiel aus. Sein Selbstvertrauen sank auf einen gefährlich niedrigen Stand. Bei einer Radtour durch die Berge Siziliens passierte dann, was passieren musste, bei einer steilen Abfahrt übermannte ihn das Gefühl des betrogenen Vertrauens, er raste über eine Kurve hinweg und stürzte schwer. Es dauerte Wochen, bis er das Krankenhaus wieder verlassen konnte.

„Das Schlimmste aber war das Mitleid der Gäste!", gestand er mir. „Es war erniedrigend! Niemand vertraute mir, dass ich damit umgehen konnte, und viele gaben mir dann auch noch ungefragt Ratschläge!"

„Vertrauen spüre ich im Herzen!"

Vertrauen ist ein Grundbedürfnis des Menschen. Das macht es so schwer, sich anderen anzuvertrauen, sein Herz zu öffnen und darauf zu vertrauen, dass das Gegenüber damit vertrauensvoll umgeht. Nur – gibt es eine Alternative dazu? Ist es sinnvoll, sich im wahrsten Sinne des Wortes zu verschließen, weil die Angst vorherrscht, verletzt zu werden? Liebe erleichtert es, sich zu öffnen. Liebe und die anfängliche Verliebtheit im Speziellen sind jedoch nicht gleichzusetzen mit

Vertrauen. Liebe wirkt in einem Zustand verminderten Selbstvertrauens, wie zu viel Kaffee bei erheblichem Schlafmangel. Das Herz pocht laut und wild, und gleichzeitig fehlt die innere Stabilität, fehlt die Gelassenheit. Wenn die hitzigen ersten Monate dann vorbei sind, schiebt sich die fehlende Vertrauensfähigkeit wieder in den Vordergrund, und alles geht von vorne los.

„Vertrauen im Innen bildet Vertrauen im Außen!"

Wie kann aber Selbstvertrauen aufgebaut werden? Schauen Sie doch noch einmal zurück in die Einleitung, dort habe ich die zwei aus meiner Sicht funktionierenden Möglichkeiten beschrieben. Schauen Sie Ihre Erfahrungen genau an, und finden Sie heraus, welche positiven Aspekte Sie daraus mitnehmen können, um Ihre Lebensvision zu finden.

Wozu will ich die Beziehung zu .... verbessern?

....

....

Welche Werte treiben mich dabei an?

....

....

Welchen Nutzen habe ich davon?

....

....

Was kann ich tun?

....

....

Was will ich tun?

....

....

Wann tue ich es?

....

....

3. Vertrauen und Kinder

Du bist meine Basis, zu Dir kann ich immer kommen!

www.joerg-bothe.de

Vertrauen ist besser als Liebe.

Vertrauen ist ein großes Geschenk – in allen Bereichen des Lebens. Laotse wird das Zitat zugeschrieben: „Vertrauen ist besser als Liebe", und das wahrscheinlich gerade, weil es so schwer zu erreichen ist. Als Kinder haben wir keine andere Wahl als unseren Eltern zu vertrauen, dass das, was sie uns sagen und zeigen, richtig und gut für uns ist. Später, meistens in der Pubertät, beginnen wir die Lebensweise der Eltern zu hinterfragen, wollen verstehen, ob es nicht doch einen anderen Weg gibt und ob das Vertrauen in die Eltern gerechtfertigt war und ist. Viele Fragen und vielleicht auch Vorwürfe stellen die gerade noch vertrauensvolle Beziehung gnadenlos in Frage. Hast du mich belogen, wolltest du wirklich immer mein Bestes? Oft kommen die Kinder dann wieder zurück, wenn sie mit ihren Fragen und Provokationen erfahren haben, dass auf die Eltern Verlass ist und sie ehrlich und offen mit ihnen umgehen.

Vertrauen ist schnell zerstört.

Peter sitzt im Büro und arbeitet die Mails des Tages ab. Es war wieder einmal hektisch, und spät ist es auch geworden. Sein Handy klingelt. Tobias, sein Sohn, ist dran. Seit der Trennung sehen die beiden sich nur noch selten. „Du, Papa, morgen Abend spielen wir gegen den Tabellenersten, es geht um den Aufstieg. Kommst du? Es geht um 18.30 Uhr los." Ein Blick in den

Kalender und ein kurzes Nachdenken. „Ja, das könnte klappen. Ich bin da!" – „Super! Dann bis morgen."

Als Peter am nächsten Tag um kurz vor 18 Uhr das Büro verlassen will, ruft ihn sein Chef an, fragt sehr gereizt nach einem Projekt und warum der Auftrag immer noch nicht im Hause sei. Das müsse doch endlich mal klappen. Nach einigen Diskussionen und fünfunddreißig Minuten später nimmt Peter die Aufgabe entgegen, bis morgen früh den Auftrag buchen zu lassen. Fluchend wählt er die Telefonnummer des polnischen Kunden, um die Situation zu klären. Während des Telefonats geht er wieder zurück an seinen Schreibtisch, um einige technische Details im PC nachzusehen. Er sieht auf die Uhr, es ist kurz nach 19 Uhr, und der Kunde hört nicht auf zu reden. Um 19.25 Uhr ist es endlich soweit, der Auftrag scheint in trockenen Tüchern zu sein. Peter eilt zu seinem Wagen und macht sich auf den Weg zum Fußballplatz. Als er den Wagen verschließt, ertönt der Schlusspfiff.

Aus dem Blickwinkel des Jungen:

„Ja, super. Er kommt morgen!"

Am nächsten Tag, kurz vor dem Anpfiff. Tobias schaut sich um, aber sein Vater ist nicht zu sehen. Dann geht es los, und immer wenn das Spiel gerade nicht seine volle Aufmerksamkeit verlangt, schaut er wieder hinüber zum Parkplatz, ob der Wagen seines Vaters nicht doch schon da ist. Nein, wieder nicht. Dann hört er seinen Trainer rufen: „Tobias, mach die Augen auf, der läuft ja gerade an dir vorbei!" Mist, denkt er sich, den hole ich nicht mehr ein. Er gibt alles, aber als er auf gleicher Höhe ist, zieht der Gegenspieler unhaltbar für den Torwart ins linke obere Eck ab. Seine Mannschaft schimpft, der Trainer ist außer sich. Und Papa ist immer noch nicht da.

Tobias sitzt schon seit einer halben Stunde auf der Bank, als der Abpfiff ertönt. Sie haben 1:0 verloren. Langsam trottet er zum Spielfeldrand und sieht seinen Vater kommen. „Papa, ich werde jetzt immer davon ausgehen, dass du nicht kommst. Und wenn ich immer gucke, ob du schon da bist, dann spiele ich schlecht."

Menschen, die beruflich sehr eingespannt sind, werden vielleicht sagen, man müsse doch verstehen, dass erst die Arbeit kommt und dann das Vergnügen. Nur geht es hierbei nicht um das Vertrauen des Vaters in den Sohn, sondern um das aufzubauende Urvertrauen von Kindern in die Verlässlichkeit der Eltern. Sicher ist es schwierig, einem Chef zu sagen: „Ich kann mich jetzt nicht um den Auftrag kümmern, weil mein Sohn ein Fußballspiel hat." Aber es ist noch schwieriger, das Vertrauen des Sohnes in die eigenen Zusagen aufzubauen. Ein enttäuschtes Vertrauen ist relativ zur gefühlten Wichtigkeit der Zusage. Tobias hat nicht nur das Spiel verloren, sondern auch noch das Vertrauen in die Zusage seines Vaters. Den Wert des rechtzeitig gebuchten Auftrags spürt Tobias nicht, da er nicht direkt betroffen ist. Das ist die Aufgabe von Peter.

Für Peter ist es sicher schwer, alles unter einen Hut zu bekommen. Offenheit und vorausschauende Kommunikation können helfen, die Vertrauensbasis zu stärken. „Tobias, heute sieht es so aus, dass es klappt. Aber du weißt, in meinem Job kann immer etwas dazwischen kommen. Ich werde alles versuchen, es möglich zu machen. Warte aber nicht auf mich!", so könnte eine Aussage des Vaters lauten.

Vertrauen ist individuell, die richtige Kommunikation dazu auch. Schwierig ist es für die Wiederherstellung einer vertrauensvollen Beziehung vor allem dann, wenn, wie bei Peter und Tobias, die gemeinsame Zeit kurz und lange unterbrochen ist (Wochenend-Papa). Eine kurze Stippvisite beim Training oder ein gemeinsamer Nachmittag auf dem Bolzplatz können da schon mal helfen, und wichtiger als ein neues Computerspiel ist es allemal.

„Ein Nachmittag auf dem Bauch…"

Kleinkinder haben ein besonderes Bedürfnis nach Nähe und Geborgenheit. Sie brauchen beides, um die Grundlagen für ein gesundes Urvertrauen aufbauen zu können. Und das kann bedeuten, dass der Plan für einen Home-Office-Tag gehörig durcheinander gerät, wenn eines der Kinder krank ist. Statt wie vereinbart die Berechnungen für ein Kanalisationssystem weiterzuführen, ist es manchmal erforderlich, mit dem kranken Säugling auf dem Bauch den Nachmittag ohne Fernseher, Radio oder Internet schlafend zu verbringen. Ja, es ist anfangs sehr frustrierend, sich aus der Rolle des vielbeschäftigten Angestellten in die Rolle des Versorgers und Beschützers zu begeben. Mit vollem Kopf und wahrscheinlich auch in Hektik nach Hause zu kommen, wo die Partnerin schon auf die Ankunft wartend an der Tür steht, die Notebooktasche an die Tür gelehnt, und Sekunden nach der Übergabe des fiebrigen Kindes zur Uni eilt, um pünktlich die Abschlussprüfung abzunehmen. Kleine Kinder brauchen eigentlich nicht viel, nur viel Zeit. Aber ein Nachmittag bei Mama oder Papa auf dem Bauch, das schafft Urvertrauen.

„Kontrolle ist gut, Vertrauen ist besser!"

Vor ein paar Jahren bei einem Elternabend: Es steht die Besprechung der anstehenden Klassenfahrt an. Gerade wurde die Regel, dass die Kinder nur einmal am Tag das Handy für eine Stunde nutzen dürfen, abgesegnet. Dann kommt der Punkt „Entfernen von der Klasse in Gruppen von mindestens vier Kindern" zur Sprache. Vorsichtig tasten sich ein paar Eltern an die Aufweichung der Handyregel für diesen Fall heran. Die Kinder wissen doch gar nicht, wo sie hinmüssen. Und was, wenn sie den Weg nicht mehr finden? Außerdem wollen sie doch auch Fotos machen …

Ein Vater mischt sich in die aufkommende Diskussion ein und unterstellt, dass sicher alle Eltern ihren 14-jährigen Kindern zutrauen, in einer mittleren Großstadt den Weg allein zu finden. Dann beantragt er kurzerhand, die Mitnahme von Handys für die Klassenfahrt ganz zu verbieten. Sie ahnen sicher schon, wie hitzig die anschließende Diskussion verlaufen ist.

Sicher ist uns allen klar, dass die Handyflut bei jungen Schülern etwas mit dem Bedürfnis der Kinder zu tun hat, die neuen Möglichkeiten auszuprobieren. Im Interview, in der die geschilderte Situation erzählt wurde, kam mir aber auch die Frage: Trauen die Eltern ihren Kindern wirklich nicht zu, den Weg ohne Handy zu finden, oder geht es mehr um die Kontrolle der Kinder rund um die Uhr?

Ich will hier gar nicht die Notwendigkeit von Handys auf Klassenfahrten thematisieren, sondern die Ehrlichkeit der Argumentation der Eltern hinterfragen. Wie kann ich als Elternteil im normalen Alltag einerseits versuchen, die Nutzung des Handys auf einen überschaubaren Rahmen zu beschränken, vor allem dann, wenn die Kinder sowieso unter der elterlichen Kontrolle sind, andererseits aber dafür sorgen wollen, dass die Nutzung außerhalb uneingeschränkt möglich ist? Kinder erkennen, dass Eltern hier nicht ehrlich argumentieren und dass es eben nicht um Vertrauen in die richtige Nutzung geht, sondern schlicht um Kontrolle.

Argumentieren und handeln Sie gerade bei solch konfliktträchtigen Themen immer geradeaus, und verlassen Sie diesen Pfad nicht, nur weil es sich in dem Moment für Sie besser anfühlt. Kontrolle und Vertrauen schließen sich gegenseitig aus. Über eine Hilfsargumentation Kontrolle auszuüben, ist für Kinder leicht zu durchschauen.

Wir entwickeln am schnellsten und nachhaltigsten ein Urvertrauen in der Kindheit. Je mehr wir Kinder laufen lassen und sie alleine machen und Erfahrungen sammeln lassen, desto stärker und schneller wird das Vertrauen aufgebaut. Es muss nicht immer gleich eine Belohnung sein. Kinder können sehr fein unterscheiden, ob ein Lob ehrlich gemeint ist oder ob es nur ein reflexartiges Lob war.

Von Mama ein ehrliches Lob zu bekommen, ist wie ein Elfenkuss!

Noch ein Satz zu Glaubenssätzen über Kinder. In einem Interview erzählte mir eine Mutter von ihrem 12-jährigen Sohn, nennen wir ihn hier Torben, wie er aus ihrer Sicht ist, was er kann und auch, was er nicht kann. Die Sätze waren in etwa so:

– Torben ist so schusselig, dem muss ich immer alles hinterhertragen.

– Torben kann Mathe nicht, da muss ich viel mit ihm üben.

– Torben ist schüchtern, deswegen muss ich ihn immer begleiten.

– Torben kann mit Bällen nichts anfangen.

Ich bin kein Psychologe, aber es war schon sehr auffällig, mit welchen Glaubenssätzen die Mutter Torben beschrieben hat.

Welche Glaubenssätze haben Sie über Ihre Kinder? Wann haben Sie diese entwickelt, und hat Ihr Kind die Möglichkeit, Sie vom Gegenteil zu überzeugen? Versuchen Sie es doch einfach mal mit machen lassen. Ihr Kind wird keinen Schaden nehmen, wenn die Schultasche nicht vollständig gepackt ist oder es mal zu spät kommt, weil die Sportsachen nicht sofort gefunden werden konnten.

Es hilft sehr, die Aufmerksamkeit ganz bewusst auf die Ausnahmen von diesen Glaubenssätzen zu lenken. Denn, dass Kinder etwas vielleicht noch nicht können, heißt ja nicht, dass sie es nicht lernen können. Unterstützen Sie Ihre Kinder dabei, die persönlichen Herausforderungen selbst zu stemmen, anstatt sie ihnen abzunehmen.

Ich weiß, große elterliche Unterstützung ist in vielen Fällen wie eine süße Droge, von der Kinder nur schwer wieder loskommen, und wenn, dann nur mit einer Menge Ärger und Stress. Nehmen Sie es als Entzugserscheinungen, die auch wieder gehen werden. Selbstständigkeit und die Erfahrung, die eigenen Dinge organisieren zu können, schaffen eine Menge Selbstvertrauen, und das ist es doch, was wir unseren Kindern mit auf den Weg geben wollen. Ein gesundes Selbstvertrauen, der Rest kommt dann aus dem inneren Antrieb fast von allein.

Was ist der Auslöser für den Wunsch nach einer Veränderung?

Welche Werte treiben mich dabei an?

Welchen Nutzen habe ich davon?

....

....

Was kann ich tun?

....

....

Was will ich tun?

....

....

Wann tue ich es?

....

....

4. Vertrauen im Unternehmen

Mitarbeiter brauchen ehrliche und verlässliche Rückmeldungen. Dann können sie auch Vertrauen.

www.joerg-bothe.de

Vertrauen im Unternehmen hat für alle Beteiligten viele Vorteile. Wenn Führungskräfte und Mitarbeiter es geschafft haben, eine vertrauensvolle Beziehung aufzubauen, und die Mitarbeiter bereit sind, auch tieferliegende Probleme anzusprechen und in Angriff zu nehmen, entfaltet sich allein dadurch bereits Potenzial. Schneller, kostengünstiger und besser – die positiven Effekte für Mitarbeiter, Unternehmen und Kunden sind zahlreich.

Je stabiler das Vertrauensverhältnis wird, weil immer öfter positive Erfahrungen gemacht werden, umso mehr Mitarbeiter beteiligen sich auch und sind bereit, ihre Themen und ihr Wissen einzubringen. Echte Führung schafft Vertrauen durch Respekt, Ehrlichkeit, Offenheit und Verlässlichkeit.

Es gibt keine vertrauensfördernden Maßnahmen, es gibt nur eine vertrauensvolle Haltung.

In Unternehmen höre ich dann von den Führungskräften, mit denen ich zusammenarbeite: „Aber das kann ich ja nicht allein. Da muss ich auf das Top-Management warten, die müssen das vorgeben!" Wer sagt das? Wenn meine Haltung, mein Führungsverständnis in Bezug auf meine Mitarbeiter auf den vorgenannten Werten basiert, dann muss ich entsprechend handeln. Außer ich bin bereit, meine Werte zu verleugnen, dann ist es aber auf Dauer auch nicht mein Unternehmen.

Respekt zeigt sich zum Beispiel darin, dass Sie nicht die Arbeit Ihrer Mitarbeiter erledigen. Respekt zeigt sich im Vertrauen auf die positive Leistungsfähigkeit der Mitarbeiter.

Herausforderungen setzen, Mitarbeiter unterstützen, Vertrauen gewinnen

Respektlos ist es jedoch, mit anderen Führungskräften über die schlechten Leistungen einzelner Mitarbeiter zu sprechen, anstatt es ihnen direkt selbst zu sagen.

Finden Sie Lösungen, die allen nutzen und nicht nur ein Problem beheben. Vielleicht kommt Ihnen das Beispiel bekannt vor: Die Abteilungsrunde ist nach langen Problemdiskussionen beendet, und alle schauen etwas gelangweilt in die Luft. Auf die Nachfrage, ob alle verstanden haben, was zu tun ist, nicken ein paar wenige. Der Abteilungsleiter weiß, was das heißt, keiner wird sich viel Mühe geben, das Projekt noch rechtzeitig über die Ziellinie zu bringen. Und die Mitarbeiter tauschen sich angeregt aus, leider erst beim Verlassen des Meetings.

Kommunizieren Sie offen und ehrlich, was Sie brauchen, und haken Sie nach. Kommen Sie von end- und ergebnislosen Diskussionen weg, und fordern Sie die Lösungskompetenz Ihrer Mitarbeiter heraus. Das gelingt Ihnen mit Mut und Selbstvertrauen. Geben Sie sich nicht mit dem erstbesten Ergebnis zufrieden, sondern schaffen Sie eine Vertrauensbasis, gerade weil Sie Ihre Mitarbeiter herausfordern. Es ist ein großes Lob, noch mehr Potenziale zu sehen und das auch auszusprechen.

Ehrlichkeit ist schwer, ohne Vertrauen ist es noch schwerer.

Eine kleine Geschichte im größeren Vertrauenskontext.

Die Stimmung in der Familie ist ausgelassen und fröhlich. Alle eint die Vorfreude auf die lang geplante Urlaubsreise. Jens, Vater von drei Kindern und IT-Leiter eines großen mittelständischen Unternehmens in der Nähe von München, schleppt gerade den letzten Koffer zum Wagen, als sein Handy klingelt. Den Klingelton kennt die ganze Familie, und sofort ist die Stimmung gedrückt. Der Ehefrau entgleitet ein genervtes Stöhnen. „Nicht schon wieder!", seufzt sie, als sie die Stimme ihres Mannes wahrnimmt. „Was? Ein Cyberangriff? Wie – alles steht und nichts funktioniert mehr? Ja, natürlich ich bin auf dem Weg!"

„Susanne, bitte! Es ist wichtig, sehr wichtig! Ich kann jetzt nicht mit euch in den Urlaub fahren, ich muss dahin, die brauchen mich jetzt. Das ganze Unternehmen steht! Nein, ich kann meinem Chef nicht sagen, dass ich Urlaub habe! Susanne, nimm du den Wagen und fahrt los, ich komme so schnell wie möglich nach." Das Taxi fährt los, der Rest der Familie steht etwas unschlüssig auf dem Gehweg.

66

Vertrauenswürdigkeit ist manchmal ein sehr schmaler Grat. Es gibt Situationen, in denen jede mögliche Entscheidung ein Vertrauensverhältnis zerstört. Hätte Jens sich für den Familienurlaub entschieden, wäre das Vertrauensverhältnis zu seinem Arbeitgeber in seiner Position wahrscheinlich unrettbar erledigt, mit allen Konsequenzen. Welche Konsequenzen seine Entscheidung auf seine Ehe hat, kann nur erahnt werden, aber sollte sie nach vielen ähnlichen Situationen noch bestehen, ist sehr viel Vertrauensarbeit von Jens erforderlich. Jens hat sich hier für den Spatz in der Hand entschieden in der Hoffnung, dass die Taube noch eine Weile auf dem Dach auf ihn wartet. Doch es ist noch nicht zu Ende.

Die nächsten zwei Wochen sind sehr anstrengend. Jens sitzt Tag und Nacht im Büro und versucht, den Schaden im Unternehmen kleinzuhalten. Denn sehr schnell wird klar: Er sitzt auf der Anklagebank und kämpft um seinen Job. Die Familie vergnügt sich derweil in den Ferien am Strand, nur mit seiner Frau hat er schon fünf Tage nicht mehr telefoniert. Die Stimmung ist eisig. Dann endlich, nach dreizehn Tagen ohne Pause, ist das Problem mit der Schadsoftware gelöst, und es kehrt für ein paar Stunden so etwas wie Ruhe nach dem Sturm ein. Dann klingelt sein Handy. Die Chefsekretärin bittet ihn zum Gespräch mit dem Vorstand. Als er in das Büro eintritt, sieht er auch den Personalchef am Tisch sitzen. Was jetzt kommt, ahnt er schon. „Wir trennen uns von Ihnen! Die Probleme der letzten Wochen sind in Ihrer Verantwortung passiert, und der finanzielle Schaden ist immens. Bitte verlassen Sie direkt das Haus. Ihre persönlichen Sachen schicken wir Ihnen nach."

Nach ein paar unruhigen und verzweifelten Stunden allein im großen Haus greift er zum Telefon und ruft seine Frau an. „Oh, der Herr Manager traut sich mal wieder, die Familie anzurufen! Was gibt es, ist dir gerade langweilig?"

„Du, hör mal, ich bin …" – „Hör du mir mal zu, Jens. So geht das nicht weiter, ich habe keine Lust mehr darauf, dass immer alles auf deinen Job warten muss. Ich habe nächste Woche einen Termin beim Scheidungsanwalt, ich möchte, dass du ausgezogen bist, wenn wir in drei Tagen zurück sind. Kannst ja in dein Büro ziehen, da bist du ja sowieso am liebsten." Klack! Sie hat aufgelegt.

Sicher, so einen elementaren Bruch gibt es nicht jeden Tag, aber so ähnlich habe ich es auch bereits erlebt. In dieser Situation sinkt das Selbstvertrauen tiefer, als man es sich hat vorstellen konnte. Auch wenn sich die Trennung vielleicht schon länger andeutet und immer zwei dazu gehören – einer Trennung, egal ob privat oder beruflich, geht immer eine Distanzierung voraus, und irgendwann ist das Vertrauen in eine gemeinsame Zukunft verloren. Jens hat sicher das Büro dem Urlaub vorgezogen, weil er bereits wusste, dass es für ihn in der Firma nicht gut läuft, und er sich sicher war, dass eine Absage die sofortige Kündigung nach sich gezogen hätte. Sicher war ihm auch bewusst, dass er den familiären Bogen überspannt hat, jedoch ließ ihm seine Verantwortung, für den Familienunterhalt zu sorgen, keine andere Wahl. Er hat auf die Hoffnung vertraut, dass seine Frau zu ihm steht und er gleichzeitig seinen Job retten kann.

Ich möchte an diesem realen Beispiel zwei Aspekte für die private und berufliche Vertrauenskultur sowie Möglichkeiten aufzeigen, wie in einer solchen Situation das Selbstvertrauen wieder aufgebaut werden kann.

Vertrauen Sie sich selbst, dann vertrauen Ihnen auch Ihre Mitarbeiter.

Leider ist es in vielen Unternehmen nicht üblich, dass das Management den Mitarbeitern, und hierzu zählen auch die hierarchisch zugeordneten Führungskräfte, frühzeitig Defizite in der Leistung in einer ehrlichen und offenen Kommunikation darlegt. Häufig wird lieber in exklusiven Meetings über die vermeintlichen Schlechtleister gesprochen, als den direkten Konflikt zu suchen und eine Lösung frühzeitig im Gespräch mit den Betroffenen zu finden. Das Problem ist dabei tiefergehend, denn es breitet sich eine Angstkultur aus. Jeder glaubt, irgendwie ins Visier des Chefs geraten zu können oder bereits zu sein, meist ohne genau zu wissen, was eigentlich fehlt. Es fehlt die klare und ehrliche

Rückmeldung zur Leistung. Angst und Vertrauen gehen nicht miteinander, und wer Angst hat, der macht mehr Fehler, ist weniger kreativ und leistungsfähig. Von echter Motivation brauchen wir dabei gar nicht zu sprechen.

Doch es sind nicht allein die Führungskräfte, die dafür verantwortlich sind, wenn sie auch den größeren Teil dazu beitragen. Auch Mitarbeiter, die sich den Anforderungen nicht gewachsen fühlen oder Probleme zum Beispiel in Prozessen erkennen, sind in der Pflicht, dies anzusprechen. Ich weiß, es gehört eine Menge Mut und Selbstvertrauen dazu. Doch die herkömmliche Alternative, auszuhalten und zu hoffen, dass man nicht betroffen sein wird, reicht einfach nicht aus. Am besten ist es, mit einem eigenen Lösungsvorschlag das Gespräch zu suchen. Vertrauen entsteht, wenn Offenheit, Ehrlichkeit und Verlässlichkeit gelebt werden.

Jens wusste, dass die IT einem raffinierten Cyberangriff nicht gewachsen war, er hatte sich aber nicht getraut, es anzusprechen, weil bereits andere Softwareprojekte im Bermuda-Dreieck aus Kosten, Leistung und Zeit verschwunden waren. Sein Chef hätte genauso das Gespräch suchen müssen und zwar konkret, offen, lösungsorientiert. Auch dem Vorstand ist klar, dass die Ablösung des IT-Leiters kein zukünftiges Problem lösen kann. Es verschlimmert die Situation sogar noch, denn jetzt muss ein neuer IT-Leiter nicht nur gefunden werden, es muss auch noch Vertrauen aufgebaut werden. Beide haben verloren, Jens und das Unternehmen. Gewinnen hätten sie nur können mit einer gelebten Vertrauenskultur, in der einerseits Herausforderungen zur normalen Entwicklung der Mitarbeiter genauso gehören wie die Unterstützung der Vorgesetzten und andererseits die Probleme und Leistungsdefizite offen und ehrlich angesprochen werden, um die optimale Lösung für alle zu finden. Hire and fire gehört nicht dazu.

Selbstvertrauen!

Jens ist zweifellos in einer schwierigen Situation. Zwei wichtige Säulen seines Lebens sind gerade weggebrochen und eine dritte, die Zukunft, wackelt heftig.

Selbstverständlich war Jens von Susanne und seinem Chef enttäuscht, er war verzweifelt. Scham, Wut und Angst wechselten sich munter ab. Sicher ist es wichtig, sich ein paar Tage zurückzuziehen und die Wunden zu lecken. Nur ist das keine dauerhafte Lösung, es gilt aus der Opferecke heraus und wieder in die Tat zu kommen. Aktivitäten statt Gedankenkarussell aus hätte-sollte-könnte. Jetzt ist es erforderlich, anzuerkennen, dass man alles getan hat, was man hat tun können. Kairos, der Gott der Gelegenheit, ist vorbeigezogen, jetzt gilt es sich auf sein erneutes Erscheinen vorzubereiten.

Konzentration auf die Stärken, die auch in der Retrospektive gefunden werden, und der Entwurf eines neuen Lebensbildes schaffen die Voraussetzung, aus dieser Situation wieder herauszukommen. Konzentration auf die Verantwortung für das eigene Leben und die Versorgung der Kinder sind starke Antreiber.

Persönlich hilft mir das Bild der Tür, die sich erst schließen muss, bevor die Möglichkeit besteht, eine neue offene Tür zu finden. Es braucht nur die Bereitschaft, diese Tür auch sehen zu wollen.

Was will ich in meiner Arbeit verändern?

....

....

Welche Werte treiben mich dabei an?

....

....

Welchen Nutzen habe ich davon?

....

....

Was kann ich tun?

....

....

Was will ich tun?

....

....

Wann tue ich es?

....

....

Zusammenfassung

Vertrauen ist die
Währung der Welt.

Ziel des Buches ist es, einen Anstoß zu mehr Selbstvertrauen zu geben sowie Zusammenhänge im Vertrauen mit anderen Personen, egal in welchem Kontext, aufzuzeigen, um so die eigene Reflexion zu ermöglichen.

Die wichtigsten vier Punkte hier noch einmal zusammengefasst:

1. Selbstvertrauen wird von drei Säulen getragen.
– Da ist zuerst das Urvertrauen, welches wir anhand der Bindung mit der Mutter und dem Vater, später auch mit anderen Personen, aufgebaut haben. So wichtig es für uns ist, so wichtig ist es auch für unsere Kinder. Der Fokus auf die Bildung des Urvertrauens schafft die Handlungsanweisung in schwierigen Momenten.

– Dann sind da die positiven Erfahrungen, die jeder, in welcher Situation auch immer und sei sie noch so klein, gemacht hat. Es kann sehr heilsam sein, sich anhand einfacher Techniken bewusst zu machen, was einen persönlich vorangebracht oder einem aus einer Krise herausgeholfen hat.

Wichtig ist zudem, Klarheit über Werte und eine Lebensvision zu haben. Die Lebensvision ist wie ein Leuchtturm, der uns zeigt, wo es langgeht. Die Werte sind die Wege und Mittel, die wir brauchen, um der eigenen Vision ein Stück näherzukommen.

2. Potenziale

– Es ist nie zu spät, die eigenen Potenziale zu entwickeln, es braucht nur die Entscheidung, es zu tun.

– Unsere Potenziale sind immer da und verlassen uns nie. Manchmal sind sie nur von einer Wolke verdeckt, und es fällt uns schwer, sie zu erkennen.

– Phantasie ist Vertrauen in die eigenen Potenziale.

3. Grundwerte, die Vertrauen bilden

– Ehrlichkeit, Offenheit, Verlässlichkeit und Respekt sich und anderen Menschen gegenüber schaffen eine vertrauensvolle Atmosphäre ohne viel Aufwand. Es braucht nur den Mut, zu beginnen.

– Vertrauenswürdigkeit und Vertrauensfähigkeit sind stetige Aufgaben. Setzen Sie den Fokus auf beides, dann werden Sie mehr und bessere Vertrauensverhältnisse erfahren.

4. Vertrauen – gibt es eine Alternative?

– Nein, Lügen und Überversorgung sind süße Drogen, die gern gegeben und oft auch gern genommen werden.
– Beide verhindern echtes Vertrauen in sich und in andere.

– Der Entzug ist schmerzhaft, es gibt aber keine Alternative zum Vertrauen.

Profil Jörg Bothe

Vertrauen ist die Grundlage für Ergebnisse –
privat und im Business.

Mut, Klarheit – und ein außergewöhnlicher Erfah-
rungsschatz charakterisieren den Lebensweg von Jörg
Bothe. Er gilt als „Meister des Wandels" und als Vor-
denker einer neuen Führungskultur, die von Vertrauen
geprägt die Potenziale in Ergebnisse für das Unternehmen umsetzt und die Mitarbeiter in ihrer Entwicklung
nachhaltig unterstützt.

Er stand selbst in der Arena und hat in unterschiedlichsten Firmen und Branchen die Ergebnisse auf ganz
neue Niveaus gehoben, Mitarbeiter zu neuen Höhen
geführt und die Führungskultur entscheidend geprägt.

Jörg Bothe ist Vater von fünf Kindern und lebt in Weinheim. Er liebt das Laufen am und das Schwimmen im
Meer, und einer guten Golfrunde kann er nur selten
widerstehen.

Statements:

„Jörg Bothe will nicht gefallen, er will Ergebnisse."
L.D., Bereichsleiter Vertrieb

„Mit einer unglaublichen Klarheit seziert Herr Bothe
die Führungskultur in wenigen Sätzen und setzt die
richtigen Impulse." K.J., Personalleiter

„Mit Ihnen ziehe ich auch in den Krieg!" Dr. Ing. Rup-
recht Lattermann († 2019).

„...innovativ, inspirierend, strukturiert, zielorientiert
und auf nachhaltige Umsetzung achtend..." Otto Groß-
kettler-Schulte, Bereichleiter Werbung

„Ich konnte viele praktische Impulse aus ihrem exzel-
lenten Vortrag mitnehmen." Frank Schmidt, FIS

„Mit Energie, Humor und ganz viel Praxis zeigt Jörg
Bothe, wie der Wandel in Unternehmen Wirklichkeit
wird." Ralf H. Komor, Interim Manager

„Jörg Bothe, der Meister des Wandels!" Ursula Heller,
Business Moderatorin

Zeitfracht Medien GmbH
Ferdinand-Jühlke-Straße 7
99095 Erfurt, Deutschland
produktsicherheit@kolibri360.de